UNIVERSITÉ DE FRANCE.

FACULTÉ DE DROIT DE STRASBOURG.

THÈSE

POUR OBTENIR LE GRADE DE DOCTEUR EN DROIT,

PUBLIQUEMENT SOUTENUE

Le vendredi 20 mai 1836, à midi,

PAR

JUSTIN-CHARLES BARBIER,

DE BAR-LE-DUC (DÉPARTEMENT DE LA MEUSE) ;

LICENCIÉ EN DROIT.

STRASBOURG,

IMPRIMERIE DE G. SILBERMANN, PLACE SAINT-THOMAS, N° 3.

1836.

A MONSIEUR ÉTIENNE,

MEMBRE DE L'ACADÉMIE FRANÇAISE, DÉPUTÉ DE LA MEUSE.

A MONSIEUR GILLON,

DOCTEUR EN DROIT, PROCUREUR GÉNÉRAL A LA COUR D'AMIENS, DÉPUTÉ DE

LA MEUSE.

A MON AIEULE
MADAME LABOUILLE,

VEUVE DE M. LABOUILLE, VIVANT JUGE AU TRIBUNAL DE SAINT-MIHIEL.

Témoignage d'une vive reconnaissance, d'un profond respect.

J. C. BARBIER.

FACULTÉ DE DROIT DE STRASBOURG.

M. Kern, Doyen de la Faculté de Droit.

M. Heimburger, Président.

EXAMINATEURS:

MM. Thieriet . . . . }
Kern . . . . . } Professeurs.
Bloechel . . . . }
Briffault . . . . . Professeur-suppléant.

DROIT CIVIL.

DE L'AUTORITÉ DE LA CHOSE JUGÉE.

I. On ne peut entrer dans la société sans renoncer à se faire justice à soi-même ; le salut de tous en dépend. Il faut donc des tribunaux ; mais ce serait peu, si ce que ces tribunaux ont lié pouvait être délié, si ce qu'ils ont délié pouvait être lié, si, en un mot, leurs sentences n'avaient une force de stabilité contre laquelle vinssent se briser les efforts de la chicane et s'anéantir les procès... Cette force est l'autorité de la chose jugée.

La chose jugée est censée être vérité et justice, et hors les voies de recours ouvertes par la loi, cette présomption est absolue, tellement qu'il est défendu de la combattre même par la preuve acquise de l'injustice du jugement... La chose jugée peut donc faire, comme disent les glossateurs, *de non ente ens*, *de non jure jus*, et cela était nécessaire, car la faculté illimitée de renouveler des demandes déjà rejetées, eût incessamment troublé la tranquillité sociale.

II. Au reste, cet effet exorbitant de changer la nature des choses est tout civil ; au fond, rien n'est changé. Je devais de l'argent ; un jugement en dernier ressort vient déclarer que je ne dois rien ; je suis libéré aux yeux de la loi ; moralement mon obligation n'en existe pas moins, et Dieu même ne pourrait pas faire qu'elle n'existât pas.

1

La chose jugée ne me donne donc pas une exception *jure naturali ,* mais seulement *jure civili.*

III. Il en résulte que si je ne propose pas cette exception, les juges ne doivent pas la suppléer en ma faveur (Arg. art. 2223 du C. civ.); car mon silence est peut-être une renonciation tacite au droit injuste que m'a acquis la chose jugée.

Il en résulte encore que les effets civils n'obligeant que les citoyens, les jugemens n'ont aucune force hors du pays où ils ont été rendus (*secùs* des décisions arbitrales, lesquelles, étant de droit des gens privés, obligent en tous pays). Ainsi, les jugemens étrangers ne sont exécutoires en France qu'après révision et qu'autant qu'ils sont revêtus de l'*exequatur* du *souverain* français, le tout à moins de conventions expresses contraires et analogues à celles qui lient la France et la Suisse.

IV. Cela posé et entrant dans les détails, voyons d'abord quand il y a chose jugée ?

Res judicata dicitur quæ finem controversiæ prononciatione judicis accipit. Or, les jugemens préparatoires, interlocutoires, provisionnels, ne terminent pas la contestation, et le juge peut, avant d'être dessaisi ou les réformer ou, mieux instruit, n'y avoir tel égard que de raison. La première condition, pour qu'un jugement ait l'autorité de la chose jugée, est donc qu'il soit définitif [1], mais cela ne suffit pas ; — d'après l'ordonnance de 1667, dont les principes sont encore aujourd'hui en vigueur, il faut, de plus, qu'il soit dans l'une des trois classes suivantes :

1° Jugemens en dernier ressort, contradictoires ou par défaut (pourvu que dans ce dernier cas le délai de l'opposition soit expiré).

2° Jugemens en première instance, dont l'appel est prescrit, périmé ou non recevable par l'acquiescement du défendeur.

---

[1] Un jugement est définitif à partir du moment seulement de sa prononciation, car avant il est censé ne pas exister, et les juges peuvent le modifier et même le changer s'il avait déjà été rédigé.

(3)

3° Jugemens en première instance, dont il n'a pas été interjeté appel. — Seulement les jugemens de cette troisième espèce n'ont, selon Pothier, qu'une autorité momentanée jusqu'à l'appel, tandis que ceux des deux premières ont une autorité stable et perpétuelle. Il est vrai que les jugemens en dernier ressort peuvent, dans certains cas, être attaqués par les voies extraordinaires de la requête civile et de la cassation, mais ni la requête civile ni la cassation n'en suspendent l'exécution, comme cela arrive lorsqu'on appelle d'un jugement de première instance, et cela seul suffit pour justifier la différence que d'accord avec les auteurs nous avons établie entre ces jugemens.

V. Quoi qu'il en soit, il est de principe que les jugemens, quels qu'ils soient, qui n'ont pas été, dans les délais prescrits, attaqués par l'un des moyens qu'indique la loi, acquièrent la force de la chose jugée, même les jugemens iniques et les jugemens nuls.

En droit romain, était *nul* en général, et nul de *plein droit*, tout jugement contraire à la loi; il n'était donc pas nécessaire d'en appeler, et le juge devant lequel on excipait de cette nullité, devait la prononcer, n'eût-il pas été le supérieur du premier juge.

Chez nous, où ce mot *nullité* a une signification plus restreinte (car il n'a trait qu'aux vices de forme dont le jugement peut être atteint), il en est différemment. Un jugement ne peut être anéanti par voie d'exception, mais seulement par voie d'appel, et s'il est en dernier ressort par la requête civile ou la cassation. Ainsi la nullité d'un jugement n'empêche pas l'appel de courir, et si l'appel n'est pas interjeté, le jugement n'étant plus susceptible d'être réformé, il en résulte qu'il a toute la force d'un jugement valable.

Mais l'appel est-il toujours nécessaire? n'y a-t-il pas des cas où cette nullité étant reconnue par les juges qui ont rendu la sentence, il leur est permis de la couvrir pour ainsi dire par un deuxième jugement?

Un principe domine cette matière, à savoir que le jugement défi-

1.

nitif dessaisit le juge. Cela étant, il est évident qu'un jugement de cette nature ne saurait, quel qu'il fût, être réformé par le magistrat qui l'a prononcé. Il y aurait exception cependant, si le jugement était par défaut; car la partie qui n'avait pas comparu, pourrait se pourvoir par simple opposition devant le même tribunal.

Au contraire, les juges ne sont pas liés en général, par les jugemens interlocutoires ou de simple instruction qu'ils ont rendus, et ils peuvent n'y avoir aucun égard en définitive.

L'appel est donc inutile alors, quoique permis par la loi, et les juges peuvent revenir sur leur sentence, à moins que cette sentence, d'après la loi, ne décide tellement le fond, que le juge n'ait plus rien à faire, qu'à déclarer la conséquence que la loi en fait sortir, auquel cas elle équivaudrait à un jugement définitif; tel serait par exemple le jugement par lequel le serment est déféré d'office à une partie.

VI. Nous avons dit que les nullités de jugemens n'étaient pas chez nous de plein droit; Pothier cite pourtant un exemple, qui se présentera rarement sans doute, mais qui, le cas échéant, formerait exception à ce principe.

On sait que la condamnation dans le dispositif d'un jugement doit toujours être d'un objet certain.... *Quid* donc, si elle était ainsi conçue : « Nous *condamnons le défendeur à payer au demandeur tout ce qu'il lui doit.* » N'est-il pas évident, qu'un tel jugement n'aurait pas l'autorité de la chose jugée, et que la nullité n'aurait pas même besoin d'en être prononcée? La loi romaine en donnait pour raison qu'une pareille condamnation ne peut être mise à exécution ni produire d'action. *Judicati actionem præstare non potest* (*secus ,* si l'objet en était expliqué par quelque acte, auquel le jugement se rapporte).

VII. Après avoir vu quelle est la nature de la présomption que la loi attache à la chose jugée, etc., voyons quelles sont les conditions nécessaires pour qu'il y ait lieu à cette présomption.

(5)

« L'autorité de la chose jugée, dit l'art. 1351, n'a lieu qu'à l'égard
de ce qui a fait l'objet du jugement. Il faut que la chose demandée
soit la même; que la demande soit fondée sur la même cause; que
la demande soit entre les mêmes parties et formée par elles et
contre elles, en la même qualité. »

Ainsi quatre conditions essentielles;

1° Identité de la chose demandée.

2° Identité de la cause sur laquelle la demande est fondée.

3° Identité des personnes ou des parties entre lesquelles la demande est formée;

4° Identité de qualités dans les personnes pour qui ou contre qui
la demande est formée (Toullier).

Avant de les développer, remarquons que toutes ces conditions
sont exigées cumulativement, en sorte que le défaut d'une seule
empêcherait la présomption de naître[1].

VIII. Quant à l'identité de la chose, il est évident, par exemple,
que si j'avais été repoussé sur la demande d'un cheval que j'avais
intentée contre Caïus, cela ne m'empêcherait pas de lui réclamer en
justice, et sans qu'il pût m'opposer la chose jugée, l'argent que je
lui ai prêté et qu'il ne veut pas me rendre, etc.

Il ne faut pas d'ailleurs prendre à la lettre cette condition *ut sit
eadem res*. J'ai été débouté sur la demande d'un troupeau; depuis,
ce troupeau a augmenté ou diminué; je ne pourrais, en soutenant
que ce n'est plus *eadem res,* renouveler ma demande. Car, quoique

---

[1] Et en effet, sur quelle idée repose toute cette théorie de la chose jugée. Le voici : on
ne voulait pas que les procès fussent éternels, et on voulait en même temps que la justice pût s'éclairer. Pour atteindre ces deux buts, il fallait établir des degrés de juridic-
tion, dont le dernier prononçât définitivement et fixât le droit. Le droit fixé dans telle affaire, il devait être défendu de le remettre de nouveau en question, et la présomption
de justice et de vérité accordée à la chose jugée, était la conséquence forcée de cette dé-
fense; mais comment, dans la multitude des procès qui leur sont soumis, les juges sau-
ront-ils que tel ou tel a déjà été décidé? L'art. 1351 indique les signes certains auxquels
ils doivent le reconnaître; si l'un de ces signes manque, ils peuvent passer outre. Il n'y
a pas encore eu chose jugée; il s'agit d'une demande nouvelle.

le troupeau ne soit plus rigoureusement le même, il est le même en droit, c'est-à-dire une unité collective, susceptible d'accroissement ou de diminutions sans changer pour cela de nature.

Pareillement, si je demande non pas la même chose, mais une chose qui en est provenue, ou qui ne me serait due qu'autant que celles dont elle provient, et que j'ai déjà demandée, m'aurait été due, par exemple, l'agneau de la brebis qui a été jugée appartenir à mon adversaire, les intérêts d'un capital qui a été jugé ne pas m'être dû, *obstabit res judicata* (Pothier.)

Je suis également censé intenter la même demande, quand, après avoir demandé un tout, je demande une partie de ce tout (par exemple, une ferme faisant partie d'une exploitation, une servitude sur le fonds dont un jugement m'a enlevé la propriété, etc.), d'après la maxime romaine, *in toto et pars continetur*.

Au contraire, après avoir demandé une partie d'un tout, l'usufruit, par exemple, on peut toujours demander le tout ; car la maxime ne s'applique plus, et le tout n'est pas contenu dans la partie.

Il semblerait pourtant qu'en demandant le tout, je demande par cela même la partie qui m'a déjà été refusée, et que par conséquent je dois être repoussé par la chose jugée, au moins pour cette partie.

Il n'en serait pourtant pas ainsi, et en voilà la raison : quand j'ai réclamé un usufruit (pour nous servir de l'exemple ci-dessus), je le réclamais *servitutis causâ* ; en réclamant la propriété, d'après la règle *nemini res sua servit*, je le réclame *causâ proprietatis* ; je ne procède donc plus en la même qualité : donc *nonobstat res judicata*.

Nos lois nous offrent implicitement un exemple d'une pareille décision ; après avoir succombé au possessoire, je puis revenir au pétitoire. Qu'est-ce autre chose pourtant, sinon demander le tout, après avoir été repoussé sur la demande de la partie ?

Du reste, il peut y avoir quelques exceptions à ce dernier principe. Mais, en cas de doute sur la question de savoir si la chose est ou non la même, les juges doivent rejeter l'exception de la chose jugée, dont l'autorité n'est fondée que sur une vérité fictive et présumée, trop souvent trompeuse (Toullier.)

IX. Le doute cesse si la nouvelle demande est fondée sur une *autre cause* que la première ; l'exception ne peut alors être opposée, quoique l'objet des deux demandes soit le même, etc.

Paul prétend qu'une chose lui a été donnée ; il est débouté ; il n'en pourra pas moins la demander *ex empto ;* car la même chose pouvant être l'objet de diverses obligations, si elle ne lui a pas été donnée, elle a pu lui être vendue depuis.

Je prétendais en justice qu'un fonds m'avait été vendu. J'avais succombé. Depuis je demande le même fonds, en vertu d'un testament.... *non obstabit res judicata ;* car la question de validité de mon legs n'a pas encore été décidée, etc.

Cette règle, si simple en apparence, que l'exception de la chose jugée ne peut jamais être opposée à la seconde demande, si elle n'est pas fondée sur la même cause que la première, n'est pourtant pas sans difficultés. On est souvent exposé, par exemple, à confondre la cause de la demande avec les moyens de la prouver. J'attaque en nullité un acte notarié, sous le prétexte de minorité d'un des témoins. Pourrais-je l'attaquer de nouveau, par le motif que l'un des témoins était étranger.

Il semble que oui ; car enfin, dira-t-on, la cause de ma nouvelle demande est autre que celle de la première. Eh bien ! la jurisprudence a décidé le contraire. La cause est la même dans tous les deux cas, dans tous les deux je demande la nullité d'un acte. Les moyens seulement sont différens.

Le consentement peut, comme chacun sait, être vicié par violence, erreur, etc., et, dans tous ces cas, il y a lieu à récision de l'obligation.

Je suppose donc que je veuille faire annuler devant les tribunaux un contrat que je prétends m'avoir été arraché par violence.

Débouté, pourrai-je revenir par l'action de dol?

En apparence, la chose jugée ne m'est point opposable, et les juges, en décidant que le contrat n'était pas le fruit de la violence n'ont pas touché la question de dol. Je ne serais pas moins repoussé ; car les juges n'ont pas seulement déclaré qu'il n'y avait pas eu violence, il ont déclaré le contrat valable.

Il est permis d'intenter deux actions, à raison des défauts cachés de la chose vendue : 1° l'action en résolution de la vente; 2° l'action *quanti minoris,* qui a pour but d'obtenir une diminution de prix.

J'intente la première...; débouté, puis-je intenter la seconde? Non; et pourtant ma demande n'est pas *la même,* au moins au premier coup d'œil, mais l'on se convaincra avec un peu d'attention du contraire. Qu'avais-je demandé d'abord? Qu'à raison des vices redhibitoires de la chose, le contrat de vente fût rescindé. Qu'ont déclaré les juges? Qu'attendu que la chose n'avait pas de vices, ou que ces vices n'étaient pas redhibitoires, ou que l'acheteur en avait eu connaissance, il n'y avait pas lieu à la rescision demandée.

Sur quoi, dès-lors, fonderais-je mon action *quanti minoris,* et si je veux l'appuyer sur les vices redhibitoires qui ont été reconnus ne pas exister, ne serai-je pas non recevable? (Pour plus de détails voyez M. Toullier, t. X. depuis §§ 150 jusqu'à §§ 194).

Que doit-on donc entendre par ce mot *cause,* si vague et si susceptible d'égarer, comme le démontrent les précédentes espèces? C'est, dit Nératius, la cause prochaine de l'action : *causa proxima actionis.* Cela n'est pas clair, non plus que toutes les explications que j'ai pu recueillir à ce sujet, et qui (j'ose l'avouer) m'ont paru plus ou moins arbitraires. Pour sortir des difficultés qui pourraient s'élever à ce sujet, je ne vois donc d'autre moyen que de se faire ces questions : Qu'ont décidé les premiers juges? La nouvelle action, quoique différente, n'a-t-elle pas le même but? La décision rendue sur la première lui est-elle applicable? La chose jugée ne serait-elle pas violée de quelque manière, si on l'admettait? Il n'y a rien là, sans doute, de bien rigoureux ; mais à défaut de règles nettes et positives, que je n'ai trouvées nulle part, j'ai dû me contenter de ce moyen de sortir d'embarras, si défectueux qu'il fût.

X. La troisième condition requise pour admettre l'exception de la chose jugée contre une nouvelle demande, est qu'elle soit entre les mêmes parties, et formée par elles et contre elles, en la même qualité (1251). Cette troisième condition est une conséquence du grand principe : « *On ne doit condamner personne sans l'avoir entendu ; ne quis inauditus condemnetur.* » Il serait injuste, en effet, qu'on pût m'opposer un jugement, où je n'ai été ni partie ni appelé ; que la question à juger soit la même, qu'elle soit fondée sur la même cause, n'importe ; je n'ai pas été entendu, rien n'est jugé contre moi : *res inter alios judicata, aliis neque noce, neque prodest.*

J'ai confié une certaine somme à une personne qui a laissé plusieurs héritiers ; en ayant demandé la restitution à l'un d'eux pour sa part, le juge ne faisant pas assez attention aux preuves sur lesquelles j'établissais ce dépôt, lui a donné congé de ma demande. Si je réclame aux autres héritiers leur part, ils ne pourront m'opposer le jugement rendu en faveur de leur cohéritier... *Res inter alios,* etc.

Il résultera, il est vrai, bien souvent, d'une pareille décision, le grand inconvénient de voir rendre sur la même question deux jugemens diamétralement opposés ; mais de deux maux, il faut choisir le moindre ; et il eût, à coup sûr, été plus fâcheux encore qu'un individu pût être condamné sans être défendu. D'ailleurs, les jugemens ne seront souvent *contradictoires entre eux* qu'en apparence : un tribunal ne peut statuer que sur les pièces produites devant lui ; il arrivera donc quelquefois qu'un jugement rendu à défaut de preuves sera réformé quand les preuves seront apportées ; ce sera là un malheur, mais indubitablement la faute n'en sera point à la justice.

L'autorité de la chose jugée a lieu non-seulement à l'égard des personnes qui ont été parties par elles-mêmes, mais encore à l'égard de celles qui ont été parties par leurs tuteurs, curateurs ou autres légitimes administrateurs; *idem*, et par la même raison, à l'égard du successeur de celui qui était partie ou dûment appelé au jugement.

On ne peut en douter quant aux héritiers ou successeurs à titre universel qui sont *heredem loco*, car ils représentent le défaut et succèdent à tous ses droits actifs et passifs. Quant aux successeurs à titre singulier, il y a un autre motif pour le décider ainsi à leur égard, du moins en général; c'est que de même que nous sommes censés contracter, nous sommes aussi censés plaider pour nous et nos *ayants-eause*. Ainsi il est hors de doute qu'un acheteur succède à l'*exceptio rei judicatœ*, qui aurait compété à son auteur et par la raison sus-indiquée, et parce que les attaques dirigées contre lui réfléchissant contre son vendeur, doivent être censées dirigées dans sa personne contre celui-ci : la même décision s'applique également aux successeurs à titre lucratif.

Réciproquement on peut opposer aux ayants-cause les jugémens rendus contre leurs auteurs, mais toutefois avec une distinction. Ils ont succédé avant le jugement ou après. S'ils ont succédé après le jugement, il est clair qu'ils doivent en supporter les conséquences; ainsi, les servitudes qui auraient été jugées grever la chose donnée ou vendue entre les mains du donateur ou vendeur, la greveront également entre celle du donataire ou acheteur; il en serait autrement, avons-nous dit, si ces derniers avaient acquis la chose avant le jugement. Pour le démontrer, prenons un autre exemple, car celui que nous venons de donner ne pourrait plus nous servir.

Caïus me constitue hypothèque sur un de ses immeubles. Dix ans après, procès entre lui et Seïus sur la propriété dudit immeuble, et jugement qui déclare Seïus propriétaire. Ce dernier pourra-t-il m'opposer ce jugement pour me forcer à rayer mon hypothèque sur le fondement, que, pouvant l'exécuter contre mon auteur, il doit avoir le même droit contre son successeur? Non, car la chose jugée ne

peut avoir un tel effet rétroactif. Il a bien été décidé que Caïus n'é-
tait pas propriétaire à l'époque du jugement; mais rien ne dit qu'il ne
l'avait pas été dix ans avant, lors de la création de mon hypothèque;
je la conserverai donc. Quoique l'exception de la chose jugée passe
de la personne du vendeur à celle de l'acquéreur; elle ne peut réciproquement passer de l'acquéreur au vendeur, car si l'acquéreur
représente le vendeur, le vendeur, depuis l'aliénation, ne peut plus
représenter l'acquéreur.

Exemple : Vous avez vendu *rem hœreditariam.* Je la revendique
contre votre ayant-cause, et je succombe. Si alors je forme contre
vous une seconde action, en votre qualité d'héritier, vous ne pour-
rez m'opposer la chose jugée en faveur de votre acquéreur, par la
raison susdite, et *vice versâ.*

Nous avons vu que la chose jugée à l'égard d'un des héritiers,
soit d'un créancier, soit d'un débiteur, n'est pas opposable aux
autres héritiers, car la dette ou créance se divisant entre eux de plein
droit, chaque part forme une dette ou créance distincte; d'où il suit
que *non est eadem res,* de même que *non sunt eœdem personœ.*

Il en serait autrement s'il y avait solidarité. La dette solidaire
est une seule et même dette, *eadem res ;* de plus, la solidarité formant
entre ceux qui en sont tenus une espèce de société, en vertu de laquelle celui qui paie ou reçoit est censé, par une espèce de mandat
tacite, payer ou recevoir pour les autres, ils sont tous *eadem persona.*
Donc le jugement rendu contre l'un d'eux est exécutoire contre tous.

Mais M. Toullier pense qu'il ne l'est qu'à partir de la signification faite à chacun, et sous la réserve de l'appel pour ceux qui n'a-
vaient pas été parties en personne, encore bien que celui contre
lequel il a été rendu n'en ayant pas appelé, le jugement ait à son
égard la force de la chose jugée. En effet, il paraît équitable que
l'espèce d'acquiescement qu'implique de la part de celui-ci le défaut d'appel, ne puisse préjudicier à ses codébiteurs, qui peut-être
souhaitent qu'un jugement eût été rendu (de même que la remise

2.

de la dette) par l'un des cocréanciers, ou la reconnaissance par l'un des codébiteurs, ne peut jamais nuire à ses associés. (Arg. art. 1198.)

La caution ayant le droit d'opposer toutes les exceptions qui appartiennent au débiteur principal, et qui sont inhérentes à la dette (2036), a par là même celui d'opposer l'exception *rei judicatæ,* qui compéterait à ce dernier. Le jugement rendu en faveur du débiteur, s'applique donc à la caution.

Vice versâ, les jugemens rendus contre le débiteur sont censés l'être contre la caution, sous la réserve bien entendu de l'appel, dont le délai ne commence à courir qu'à compter de la signification.

Mais si le jugement était passé en force de chose jugée, la caution aurait-elle la tierce-opposition ? Il faut distinguer : Si les moyens qu'elle veut opposer au jugement sont inhérens à la dette (qu'ils aient déjà été employés ou non par le débiteur), elle est non recevable ; car il est évident que, quant à de tels moyens, elle était représentée par le débiteur.... ayant donc été partie par son intermédiaire, *obstat res judicata.* Que si ces moyens lui étaient personnels, si elle prétendait par exemple qu'elle n'a cautionné que sous condition, le débiteur n'ayant pu la représenter, quant à l'emploi d'une pareille exception, la tierce-opposition serait admise.

En droit romain, le droit des légataires dépendant de celui de l'héritier institué, le jugement (rendu contre cet héritier) qui déclarait le testament nul, n'était pas regardé comme *res inter alios judicata* vis-à-vis des légataires, et pouvait leur être opposé, sauf à ceux-ci l'appel, et la tierce-opposition si le jugement était en dernier ressort (Pothier). Il en était autrement de pareil jugement rendu contre un des légataires ; car, à la différence de ce que nous venons de dire, le droit des légataires était indépendant de celui de leurs colégataires. Dans notre législation, l'institution d'héritier n'est pas *caput testamenti ;* les principes du droit romain ne sont donc pas applicables chez nous.

Il ne suffit pas pour admettre l'exception de la chose jugée contre la seconde demande qu'elle soit entre les mêmes parties; il faut encore qu'elle soit formée par elles et contre elles, en la même qualité (1051, 1351 du C. civ.).

Ici point de difficultés. J'ai formé contre vous une demande en qualité de tuteur de Titius. Le jugement qui l'a rejetée ne mettra point obstacle à ce que je la renouvelle en mon propre et privé nom, et *vice versâ;* car ce n'était pas moi, mais en réalité Titius qui figurait dans la première demande. *Idem dicendum* d'un mari qui a intenté une action au nom de sa femme, d'un mandataire *ad litem,* etc.

Dans tous ces cas, ces diverses personnes plaidant en diverses qualités, *non obstat res judicata.*

Mais si les deux qualités sous lesquelles un demandeur prétendrait agir successivement s'étaient confondues dans sa personne avant la première demande formée dans l'une de ces qualités, il ne pourrait plus les séparer pour former une seconde demande en l'autre qualité (Toullier).

J'avais une action contre vous *de mon chef,* et une autre du *chef de mon père;* mon père meurt, et j'accepte purement et simplement sa succession. Par cette acceptation, je continue sa personne; lui et moi, mes biens et les siens, ne feront plus qu'un; en un mot, il y a confusion. Il en résulte que les deux actions que nous avions, mon père et moi, sont réduites à une seule; donc, etc., *secùs* si je n'étais qu'héritier bénéficiaire, le bénéfice d'inventaire empêchant la confusion des patrimoines.

Il existe une espèce de causes dans lesquelles il est dérogé au principe, que la chose jugée n'a lieu qu'entre les mêmes parties : ce sont les questions d'état; ces causes sont relatives à l'état des personnes, paternité, filiation, état de mari et de femme, de citoyen et d'étranger, etc., et leur importance est telle qu'elles ne peuvent rester dans l'incertitude. Aussi une fois portées devant les tribunaux, le jugement qui intervient les fixe irrévocablement, pourvu qu'il soit rendu avec un contradicteur légitime : il a alors pour tous et contre tous l'autorité de la chose jugée; en un mot, il devient loi de la société.

Ainsi le jugement qui déclare un enfant fils de tel, le déclare en même temps neveu du frère de son père, cousin des enfans de son oncle, etc., et lui en donne les droits, sans que ceux-ci puissent réclamer ; mais il faut, avons-nous dit, qu'il soit rendu avec un contradicteur légitime.

Quel est ce légitime contradicteur ? Ici il faut entrer dans quelques détails. Un enfant réclame la qualité de fils de tel et de telle, ayant déjà des enfans ; non-seulement le père, la mère, mais les enfans doivent être appelés en cause, car tous y ont un intérêt également puissant; autrement, et si le père et la mère étaient condamnés, le jugement n'aurait pas contre les enfans l'autorité de la chose jugée (*secùs* si le jugement leur avait été favorable). De même, si l'on attaquait le mariage d'une femme, non-seulement cette femme, mais ses enfans, si elle en avait, devraient intervenir ; car il ne s'agit de rien moins que de leur légitimité, dont un mariage putatif peut, il est vrai, leur donner les droits, mais qui n'en est pas moins compromise pour cela, sinon ils auraient droit d'attaquer, par la tierce-opposition, le jugement qui blesserait leurs intérêts ; que, s'ils étaient mineurs, il ne suffirait pas que leurs pères et mères procédassent seulement comme parties principales ; ils seraient tenus aussi de déclarer agir en qualité de tuteurs : il y aurait même là certains cas de nécessité de nommer aux enfans un tuteur *ad hoc* (Arrêt du 6 janvier 1809).

Mais ce n'est pas là la seule condition ; il faut de plus que le jugement ait prononcé nettement et positivement sur la question d'état. On conçoit, en effet, qu'il ne serait pas suffisant pour qu'une décision emportât envers et contre tous les preuves de l'état d'un citoyen, on pût en induire cette preuve d'une manière plus ou moins détournée. Il a même été jugé (dans une espèce toute spéciale, il est vrai) qu'un individu avait pu être condamné à fournir des alimens à un enfant, sans qu'il fût permis d'en conclure à sa qualité de père de cet enfant. La prévention en pareil cas ne serait pourtant pas trop téméraire; mais ce n'est pas sur des préventions qu'on peut appuyer l'état des hommes; peu importe du reste si la question d'état a été l'objet principal du jugement, que ce jugement ait été rendu *principalitaire* ou incidemment[1].

Il ne nous reste, pour terminer ce travail, qu'à parler d'une controverse qui s'est élevée entre MM. Toullier et Merlin sur une question importante. Il s'agit de savoir si la chose jugée au criminel est chose jugée à l'égard de l'action civile; en d'autres termes, si le criminel emporte sur le civil, - de manière que si l'action publique réussit, l'action civile doive réussir, et échouer si elle échoue. M. Merlin est pour l'affirmative, et M. Toullier pour la négative.

M. Toullier reconnaît d'abord que quand la partie lésée s'est constituée partie civile, les deux actions sur la peine et sur les dommages-intérêts étant connexes, le criminel agit sur le civil en ce sens que, si l'accusé est condamné, il y a lieu en même temps aux dommages-intérêts, et *vice versâ* : cela est clair. Hors de là, et quand les deux actions se présentent séparément, les principes sur la chose jugée lui paraissent incompatibles avec l'opinion de M. Merlin. Celui-ci, s'appuyant sur le deuxième alinéa de l'article 3 du Code d'instruction criminelle, prétend que l'action publique est *préjudicielle*, et que l'article 3 n'aurait aucun sens s'il n'était pas ainsi, car à quoi bon suspendre l'action civile jusqu'au jugement de l'action

[1] Pour faire l'application de ces principes, M. Toullier cite plusieurs causes célèbres; entre autres l'affaire Masson (Maison-Rouge). Nous ne pouvons le suivre dans tous ces détails; mais ils sont vraiment curieux. On y voit, par exemple, un enfant déclaré légitime quant à la famille de sa mère, et illégitime quant à celle de son père, par deux jugemens successifs. Ce bizarre résultat était la conséquence forcée de la combinaison des deux adages : *Res judicata proveritate habetur*, etc., et *res inter alios judicata aliis, neque nocet neque prodest*. La jurisprudence est féconde en pareils exemples.

publique, si ce jugement ne devait avoir sur elle aucune influence?

Il invoque encore l'art. 360 du Code d'instruction criminelle, ainsi conçu : « Toute personne acquittée légalement ne pourra plus être reprise ni accusée à raison du même fait. »

Enfin, répondant à ses adversaires, qui reprochent à ce système de violer les principes de la chose jugée et de consacrer une exception qui ne se trouve dans aucune loi, il soutient que son opinion est d'accord avec l'art. 1351 du Code civil.

Car, dit-il : 1° Les deux demandes sont identiques dans leur objet fondamental, qui est la constatation du délit ;

2° De plus, il y a aussi identité de parties, puisque la partie civile est représentée au criminel, ainsi que tous les autres citoyens, par le ministère public, etc.

M. Toullier, pour réfuter cette argumentation, cite l'art. 5 et 6 du Code pénal des délits et des peines (3 brumaire an IV). L'article 5 porte : « L'action publique a pour objet de punir les atteintes portées à l'ordre social ; » l'art. 6 : « L'action civile a pour objet la réparation du dommage que le délit a causé...; » donc, l'objet des deux actions n'est pas le même.

Il n'est pas vrai non plus qu'il y ait identité de parties, comme l'avance M. Merlin, et que le ministère public représente, dans le procès criminel, la partie civile ; il le représente si peu, qu'il lui est défendu aussi sévèrement de conclure à des réparations civiles, qu'il l'est à la partie lésée de requérir la peine. Or, qu'est-ce qu'un mandataire qui ne peut ni prendre de conclusions, ni recevoir de mandat de la personne qu'on dit qu'il représente ?

L'argument tiré de l'article 3 du Code d'instruction criminelle ne prouve rien, et il n'en résulte nullement que le jugement criminel ait une influence nécessaire sur celui de l'action civile. M. Toullier, à ce propos, cite l'article 235 du Code civil, qui décide le contraire. L'action criminelle ne doit donc être appelée préjudicielle que dans ce sens qu'elle précède le jugement civil, etc. Quoique cette der-

nière partie de l'argumentation de M. Toullier soit peut-être faible,
puisque, à une règle générale posée par M. Merlin il répond par
une loi spéciale, exceptionnelle (l'art. 235 du C. civ.), qui semblerait plutôt devoir confirmer la règle que la détruire, il me semble,
s'il m'est permis d'émettre mon opinion après celle de ces grands
jurisconsultes, que l'exception que veut établir M. Merlin devrait
être appuyée sur un texte formel pour balancer l'autorité de l'article 1351, et qu'à défaut de ce texte il ne suffit pas de raisonne-
mens plus ou moins spécieux pour fonder une jurisprudence contraire à la lettre de la loi. J'embrasse donc, pour plus de sûreté,
l'avis de M. Toullier.

PROCÉDURE CIVILE.

PÉREMPTION.

I. La péremption est une prescription de procédure.

On la définit : l'extinction de l'instance par la discontinuation des poursuites pendant trois ans. Devant la justice de paix, le délai n'est que de quatre mois.

II. En matière ordinaire, la péremption n'est pas de droit ; elle doit être demandée, et elle est couverte par tout acte valable de l'une ou de l'autre des parties, *secùs* en justice de paix (art. 15). Il en résulte que là le défendeur n'a pas besoin de demander la péremption, que le demandeur ne peut la couvrir, et que le juge de paix doit la suppléer d'office.

III. Elle peut être demandée par toute personne ayant pouvoir de disposer de l'objet du litige, ou par son fondé de pouvoir. Si l'avoué du défendeur avait fait un acte qui eût couvert la péremption, au lieu de la demander, comme il en avait mandat *exprès,* il ne pourrait être désavoué, *obstante* l'art. 352 du Code de procédure ; son client serait donc enchaîné par son fait, et ne pourrait plus invoquer la péremption : les créanciers peuvent la proposer du chef de leur débiteur.

IV. La péremption, d'après l'opinion générale, ne court pas contre le mineur non assisté, parce qu'il lui serait impossible d'avoir le recours que lui ménage l'art. 398 du Code de procédure. Merlin est d'avis opposé ; selon lui, l'art. 398 est général, et il serait aussi raisonnable de soutenir que le mineur, en cas d'insolvabilité de son tuteur, doive être soustrait à la péremption. Or, on ne va pas jusque-là.

V. La péremption court, 1° contre une succession vacante (arg. de l'art. 2258 du C. civ.); 2° contre l'héritier bénéficiaire à l'égard des demandes qu'il a dirigées contre son auteur, *secùs* de la prescription (2258). On voulait sans doute l'engager par là à différer des poursuites ruineuses pour la succession. Aussi M. Pigeau, partant de l'art. 2258, se fonde-t-il sur ce motif pour prétendre que la péremption ne court pas contre l'héritier bénéficiaire.

Mais il ne s'agit pas de discuter les avantages ou les inconvéniens desdites poursuites, mais bien de savoir si l'héritier peut les intenter ; or, l'art. 996 du Code de procédure est formel. Donc, dans l'opinion, surtout de M. Pigeau, toute favorable aux intérêts de la succession, et d'après la généralité des termes de l'art. 398 du Code de procédure, elles peuvent être périmées.

VI. La péremption court contre une commune, même non autorisée, et encore qu'il soit justifié que le temps de la discontinuation des poursuites a été employé à obtenir l'autorisation de plaider.

Elle ne court pas contre ceux qu'une occupation militaire a forcé de cesser d'agir.

VII. Le temps de la péremption se compte par jour (arg., art. 2260 du C. civ., appl. aussi 2261). Ce délai est augmenté de six mois, dans tous les cas où il y a lieu à reprise d'instance ou constitution de nouvel avoué. L'instance en reprise se périme par le même laps de temps que l'instance principale.

VIII. Toute instance est périmable (397), même en matière de questions d'état (la raison de douter était l'imprescriptibilité de ces sortes d'actions, d'où, par analogie, on concluait à leur impérimabilité). Mais l'art. 397 est absolu, et du reste cette imprescriptibilité des actions d'état fait que la péremption n'a pas de grands inconvéniens.

IX. Le pourvoi contre un jugement ou arrêt n'est une instance qu'autant qu'il y a eu signification de l'arrêt d'admission.

3.

X. Les jugemens par défaut, faute de comparaître (156 du C. de proc.), sont périmés s'ils n'ont pas été exécutés dans les six mois de leur obtention. Cette péremption a lieu de droit, car l'art. 156 porte *in fine*: « Les jugemens par défaut seront exécutés, etc., sinon seront réputés non avenus. » (Appliquez donc ce que nous avons dit de l'instance en justice de paix, II.)

XI. Les jugemens interlocutoires ou préparatoires qui ne contiennent rien de définitif n'étant que des actes d'instruction, tombent en péremption avec le reste de l'instance. — *Secùs* des jugemens définitifs qui terminent la contestation et fixent le droit des parties.

XII. Les incidens ne forment pas des instances séparées, susceptibles d'une péremption particulière. — Une instance se composant à la fois de la demande principale et des demandes incidentes, la péremption ne peut courir que pour le tout et à partir du dernier acte valable du dernier incident. Si donc l'instance principale a été suspendue depuis plus de trois ans par un incident encore en litige, ou abandonnée depuis moins de trois ans, la péremption n'est pas encourue.

XIII. Celui contre lequel la péremption a couru, peut la couvrir par tout acte valable, tant que son adversaire n'a pas formé sa demande en péremption ; pour que l'acte soit valable, est-il nécessaire qu'il soit signifié ? Non, l'art. 399 ne l'exige pas ; une simple mise au rôle suffit donc. Il a même été jugé, par argument. de l'art. 2246 du Code civil, qu'une citation devant un juge incompétent interrompait la péremption ; mais la péremption d'une instance d'appel ne serait pas interrompue par des actes étrangers à l'instance d'appel, notamment par un commandement à fin d'exécution du jugement attaqué.

XIV. Un jugement par défaut, même non signifié, est interruptif de péremption ; en effet, il n'est rendu qu'après que le demandeur a fait tout ce qui était en son pouvoir pour appeler le défendeur en cause ; de plus il clot l'instance et autorise une inscription hypothécaire. — *Idem dicendum* d'un accord exprès ou tacite des parties;

car, quoique la péremption soit d'ordre public, elle est en même temps d'ordre privé, en oe qui touche l'intérêt des parties, et de même qu'on peut renoncer à la prescription, on doit pouvoir renoncer à la péremption (*secùs* si l'accord n'avait été qu'en projet).

XV. Les demandes en péremption ne sont pas assujéties au préliminaire de conciliation, car elles sont précisément le contraire d'une demande introductive d'instance ; elles doivent être faites par requête d'avoué à avoué ; tout autre acte n'empêcherait pas l'avoué du demandeur principal de reprendre utilement ses poursuites et de couvrir la péremption.

XIV. La péremption éteint la procédure, mais non l'action. — Elle a pourtant quelquefois l'effet indirect de l'éteindre en détruisant avec le reste de l'instance une citation interruptive de prescription ; alors la péremption, par exception à l'art. 399, a lieu de droit, c'est-à-dire que le défendeur qui, dans tout autre cas, eût été forcé de la demander par voie d'action, peut, puisque la prescription est acquise, rester sur la défensive en se retranchant sur l'exception.

Par un effet analogue, la péremption en cause d'appel éteint indirectement l'action de l'appelant (469 du C. de proc.). Appliquez aussi ce qui vient d'être dit.

La péremption fait perdre au demandeur les intérêts que la demande avait fait courir... *Quod nullum est,* etc.

L'anéantissement des actes de la procédure n'est pas restreint à une seule des parties, il a lieu contre toutes. Ce principe de l'indivisibilité de l'instance en matière de péremption est combattu par M. Pigeau ; mais il est solidement appuyé sur le texte de l'art. 401, qui est général, et sur l'esprit de la loi, qui voulait sans doute, et entre autres motifs, en établissant la péremption, empêcher que les juges ne reprissent, d'après ces derniers erremens, une procédure dès long-temps oubliée.

DROIT DES GENS.

LA PRESCRIPTION EST-ELLE DE DROIT DES GENS?

La prescription existe dans les institutions civiles de tous les peuples. Partout on a compris qu'elle seule pourrait mettre un terme aux incertitudes du droit de propriété, et empêcher que ce droit, fondement de la société, ne la remplît de troubles.

Comment se fait-il donc que la prescription si universellement admise en droit civil, n'existe pas ou soit au moins douteuse en droit des gens ?

Les raisons de l'admettre sont pourtant plus fortes encore en droit des gens qu'en droit civil. La paix du monde est autrement importante que la paix d'un État, et les querelles entre nations sont d'une toute autre conséquence que les querelles entre particuliers.

Il semblerait donc nécessaire que la possession des souverains ne fût pas facilement troublée, et qu'après un grand nombre d'années de jouissance paisible elle fût réputée juste et inébranlable; car s'il était toujours permis de discuter son origine, peu de nations seraient assurées de leurs droits, et il n'y aurait pas de tranquillité à espérer sur la terre.

Malheureusement, lorsqu'après avoir vu développer ces puissans motifs dans Grotius, Vattel, et les autres auteurs de l'École spéculative, on consulte Martens et les traités, on est forcé de reconnaître que cette prescription si *nécessaire* est de droit *facultatif* entre les puissances, et qu'elles l'invoquent ou la rejettent selon les passions et le besoin du moment. C'est là un fait auquel le raisonnement n'a rien à opposer. En vain prétendrait-on « *que la prescription étant indispensable à la paix et au bonheur du genre humain, on présume de droit que toutes les nations ont consenti à en admettre l'usage légitime et raisonnable* [1] ; » une telle présomption serait peu concluante en présence de la vérité, et l'on pourrait, tout au plus, plaindre le genre humain de méconnaître ses véritables intérêts.

Resterait à rendre raison de ce désaccord du *fait* et du *droit*; et à montrer comment la prescription étant si utile au peuple, ils ont pu s'en passer.

Il n'en est pas des nations de l'Europe comme d'une société civile représentée par un gouvernement ayant pouvoir de faire des lois obligatoires pour tous les citoyens; il existe bien entre elles un certain nombre de points de droit reconnus par les traités et en vigueur dans les usages, mais ce sont là de simples règles de *raison écrite* qui n'obligent qu'autant qu'elles ne pèsent pas trop, ou qu'il serait dangereux de s'en affranchir, en sorte que, à vrai dire, la société européenne vit dans une espèce d'anarchie résultant de la nature même des choses et de l'impossibilité de placer à sa tête une puissance commune qui régularise les rapports et crée une législation positive ayant une autre sanction que la force et l'opinion.

Dans un tel état de choses, comment la prescription, ou tout autre droit positif, s'établirait-il?

La prescription a besoin, pour s'accomplir, de certaines conditions; il faut, par exemple, qu'il y ait abandon d'un droit d'un côté, et de l'autre, possession du même droit; que cet abandon et cette possession durent simultanément pendant un certain temps fixé par *la loi* ; qu'ils ne soient pas interrompus, etc.

---

[1] Vattel, liv. IIe, chap. 6, *Droit des gens.*

Or, d'abord, l'abandon d'un droit étant rarement exprès, à quels signes le reconnaîtrait-on en droit des gens ?

Sera-ce à un silence, à un non-usage plus ou moins long ? Ce serait là une mauvaise induction; une nation peut toujours dire à celui qui invoquerait contre elle la prescription sur ce fondement : « Mon silence n'a pu vous donner d'armes contre moi; aucune loi ne m'obligeait à le rompre, sous peine de perdre ma propriété. En le gardant, j'étais donc en pleine sécurité; et la preuve que je n'ai pas renoncé à mon droit, c'est que je le réclame. »

Ce n'est pas tout; outre qu'elle est injuste, dans la situation actuelle de l'Europe, cette induction serait bien souvent mensongère. Personne n'ignore combien il est dangereux, pour l'ordinaire, à un État faible de laisser entrevoir seulement quelques prétentions sur les *possessions* d'un monarque puissant. Le silence, en pareil cas, serait donc plutôt une marque de faiblesse que de renonciation.

Dans d'autres cas, enfin, la présomption qu'on pourrait tirer du non-usage, quoique bien fondée, ou ne serait point invoquée ou le serait inutilement : supposez qu'un petit État occupe un terrain abandonné par une grande nation, s'il convient à celle-ci de le reprendre, en vain lui opposera-t-on son silence. D'ailleurs, il y aurait danger à le faire : le plus sûr sera donc d'évacuer.

« Ajoutez, dit Vattel, que le conducteur de la société n'ayant pas ordinairement le pouvoir d'aliéner ce qui appartient à l'État, son silence ne peut faire préjudice à la nation ou à ses successeurs, quand même il suffirait à faire présumer un abandonnement de sa part. Il sera question alors de voir si la nation a négligé de suppléer au silence de son conducteur ou si elle y a participé par une approbation tacite. »

Toutes ces objections sont pleines de force, selon nous; y répondit-on, on n'aurait rien gagné tant qu'il n'aurait pas été établi un tribunal devant lequel les parties vinssent débattre leurs droits et

leurs prétentions [1], et surtout tant le temps requis pour prescrire n'aurait pas été déterminé. Or, aucun de ces points si importans n'a été réglé par convention spéciale ou générale entre les peuples de l'Europe.

Une telle convention est même impossible dans l'état actuel des choses, car elle en suppose le renversement et implique l'idée d'une monarchie ou d'une république universelle. Jusque-là donc, la prescription est impraticable en droit des gens.

Mais la tranquillité des peuples, le salut des États, le bonheur du genre humain (Vattel), qu'en ferez-vous avec une telle doctrine?

On peut répondre que dans la pratique, les conséquences que la théorie tire de certains faits ne se réalisent souvent pas; qu'ainsi, et contrairement aux prévisions de la science, l'absence, en matière de prescription d'une législation positive, n'a pas encore visiblement compromis les destinées des nations, et qu'il en sera de même, sans doute, dans l'avenir que dans le passé. Les peuples, dans leurs relations extérieures, sont loin du mieux, du bien même. L'anarchie est parmi eux; la force prend souvent la place du droit. Pour l'observateur superficiel, il semble que le droit ne puisse sortir de la force et l'ordre de l'anarchie, et pourtant l'ordre règne, au moins à la surface..

Quand l'Europe aura-t-elle cet ordre qui naît de l'accord des intelligences et des volontés, plutôt que cette paix trompeuse qu'un rien peut troubler et qu'engendrent les craintes et les défiances réciproques?

---

[1] Cela serait indispensable, dans le cas, par exemple, où l'une des deux nations soutiendrait que la prescription a été interrompue.

JUS ROMANUM.

DE RE JUDICATA.

I. *Res judicata* dicetur quæ finem controversiarum judicis pronunciatione accipit; quæ vel condemnatione, vel absolutione contingit. — Condemnatum accipere debemus eum qui rectè condemnatus est, ut sententia valeat.

II. Datur judicati actio in dominum vel in procuratorem. — In dominum, si procurator se non obtulit; in procuratorem verò si se obtulit.

III. In tutorem curatoremve debet denegari judicati actio.

IV. Contra indefensos minores, tutorem vel curatorem non habentes, nulla sententia proferenda est. Ità de furioso. — Aliter de illo qui se pro patre familiâs finxit et mutuam pecuniam accepit. — Contrà contumaces sententia valet.

V. Sententia autem, per rarò intrà statutos dies exsequitur, et enim tempus judicati non nunquàm arctare, non nunquàm prorogare judex, pro causæ qualitate et quantitate, vel personarum obsequio vel contumaciâ.

VI. Undè igitur condemnato tempus judicati actionis computatur? Si minorem diem judex statuerit legitimo tempore, repleatur lege; sin autem ampliorèm judex suâ definitione numerum dierum amplexus est.

VII. Judicati actio perpetua est, et rei persecutionem continet. — Sic tempus quod judicato datur, hæredibus ejus vel cœteris qui in locum ejus succedunt tribuitur.

VIII. Et si intrà statutos dies agere non possit qui sententiam obtinuit, potest tamen reus liberari, videlicet, solutione, compensatione, etc....

IX. Quod jussit vetuitve prætor, contrario imperio tollere et repetere licet. — De sententiis contrà.

X. Non semper exequitur sententiam qui tulit et non semper, ubi dicta fuit, ad finem perducitur.

XI. Si condemnati venduntur pignora in executionem sententiæ, veniunt primò, ut distrahuntur, mobiles animales; quæ si non suffecerint, soli pignora capti distrahantur. Quod, si nulla moventia sint, soli pignora primùm capi, et si nihil aliud sit quod capi possit, nomina jure pignoris capiuntur.

XII. Sunt qui, in quod facere possunt, conveniuntur, ut putà socius cùm pro socio, maritus pro dotis restitutione conveniuntur. Item miles qui, sub armatâ militiâ, stipendia meruit, condemnatus, eâ tenus quàtenùs facere potest, cogitur solvere.

XIII. Inter eos quibus ex eâdem causâ debetur, occupantis melior conditio est.

XIV. Si sententia diversa à duobus judicibus datis lata est, utraque in pendenti est, donec competens judex unam earum confirmet.

XV. Si judicis religio falsis corruptisve testibus circumventa fuerit, in integrum causam restituendam esse rescripsit divus Adrianus.

XVI. Judex postquàm semel sententiam dixit, postea judex esse desinit.

※

4.

DROIT COMMERCIAL.

DE L'ENDOSSEMENT.

On désigne par le mot *endossement* l'acte écrit au dos d'une lettre de change, par lequel le propriétaire de cette lettre la cède à un tiers, ou lui donne le pouvoir pour en disposer et en toucher le montant.

L'endossement peut donc être un acte de cession ou simplement une procuration. Comme acte de cession, il est assujéti à certaines formes déterminées par l'art. 137 du Code de commerce ; en d'autres termes, il doit être régulier. En tant que procuration, il est dispensé des énonciations exigées par l'art. 137, ce qui lui a fait donner le nom d'*irrégulier*. Dans tous les cas, l'endossement doit être écrit sur la lettre même, tellement que si la multiplicité des endossemens remplissait déjà la lettre dans son entier, on y ajouterait une *allonge* pour recevoir les négociations ultérieures. Cette allonge fait corps avec la lettre.

ENDOSSEMENT RÉGULIER.

Nous venons de voir que pour céder la lettre à un tiers, le propriétaire devait la lui endosser, et que cet endossement devait, en outre, contenir certaines énonciations. Ces énonciations énumérées par l'art. 137 sont : 1° La date ; 2° la valeur fournie ; 3° le nom de celui à l'ordre de qui il est passé.

1° *La date.* Cette énonciation a pour but de constater si le cédant et le cessionnaire étaient l'un et l'autre en état de contracter à l'époque indiquée, et surtout de prévenir la fraude que pourrait commettre le propriétaire de la lettre à la veille de faillir, en antidatant la cession qu'il en ferait à un tiers pour frustrer ses créanciers. L'art. 139 est, quant à cette formalité, la sanction de l'art. 137.

2° La *valeur fournie* en *espèces*, en *marchandises*, en *compte*, etc. Ainsi un endossement conçu : *valeur reçue* serait irrégulier, *secùs* d'un endossement conçu : *valeur reçue comptant*. (Art. 110, C. com.)

3° *Le nom du cessionnaire.* Le défaut de nom rendrait-il l'endossement irrégulier ou l'annulerait-il ?

Il semble difficile de voir une procuration dans un acte où le nom du mandataire n'est pas indiqué (Vincens). Cependant on est généralement d'avis que la remise du titre entre les mains d'un tiers, jointe à la preuve de l'intention de l'endosser, constituent un véritable mandat.

Outre ces trois formalités, il en est une dont l'art. 137 ne parle pas, à savoir la signature de l'endosseur. Elle est exigée pourtant, à peine de nullité, dans toutes espèces d'endossement, régulier ou irrégulier, car c'est la preuve *sine quâ non* de l'intention de l'endosseur, soit de céder la lettre, soit de donner mandat de la négocier, et l'endosseur qui ne saurait pas signer n'aurait d'autre ressource que de faire faire l'endossement par un fondé de pouvoir. Du reste, cette signature n'a pas besoin d'être accompagnée d'un *bon* ou *approuvé* écrit de la main du signataire, comme l'exige l'art. 1326 du Code civil pour les actes sous-seing privé, car l'omission dans le Code du commerce d'une formalité du droit commun emporte dérogation.

Au moyen de toutes ces formalités, l'endossement est régulier et produit certains effets que nous allons signaler.

Entre l'endosseur et le cessionnaire, l'endossement est, en général, un composé du contrat de cession-transport et de celui de change.

Comme contrat de cession-transport, il entraîne toutes les obligations attachées aux cessions de créance (Pardessus). Il en diffère
pourtant en deux points principaux : dans le transport ordinaire, le
cessionnaire n'est saisi à l'égard du tiers que par la signification du
transport faite au débiteur, ou par l'acceptation de celui-ci dans un
acte authentique (1690 du C. civ.). Au contraire, par le seul fait de
l'endossement, le cessionnaire est saisi de suite à l'égard de tous.

Dans le transport ordinaire, d'après les art. 1694, 1695 du Code
civil, le cédant n'est garant de la solvabilité du débiteur que lorsqu'il
s'y est engagé. Encore cette promesse ne s'entend-elle que de la solvabilité actuelle. L'endosseur, au contraire, est garant de la solvabilité future du tiré, puisqu'il répond du paiement de la lettre à
l'échéance.

De plus, cette cession, étant un accessoire du contrat de change,
l'endosseur répond du paiement au jour et lieu indiqués dans la
lettre, et s'expose, s'il n'est pas fait, aux recours et déchéances pré-
vus par les articles 164, 165 au chapitre *Des droits et devoirs du
porteur.*

Entre le cessionnaire et le tiré, l'endossement donne au cessionnaire contre le tiré tous les droits qu'avait l'endosseur. En conséquence, il peut requérir l'acceptation dans le cas où ce dernier l'aurait pu, saisir conservatoirement les meubles du tiré, accepteur ou
débiteur, etc., tous droits résultant de l'art. 136 et sans que le tiré
puisse jamais faire valoir contre lui aucune exception qui ne lui serait
personnelle; l'art. 136 est ainsi conçu :

«La propriété de la lettre de change se transmet par voie de l'endossement.» Ce principe est exprimé d'une manière absolue. Toutefois,
il ne faut pas trop le prendre à la lettre. Il est reconnu que les tribunaux peuvent examiner la sincérité de l'endossement, qu'ainsi
non-seulement le dol et la fraude peuvent détruire la preuve légale
qui en résulte, mais encore que sa régularité apparente peut être
rendue illusoire par la preuve acquise que le prétendu cessionnaire

n'est qu'un prête-nom, etc. Cela importe à savoir ici, car les obligations du tiré ne sont pas les mêmes à l'égard du porteur d'un endossement irrégulier que celles dont il est tenu envers un véritable
cessionnaire. Il ne pourrait, par exemple, opposer à ce dernier les
exceptions qu'il aurait contre l'endosseur, droit qu'il a sans contredit
contre le porteur simple mandataire, etc. Dans d'autres cas, malgré
la régularité de l'endos, le porteur n'est également qu'un fondé de
pouvoir, par exemple lorsqu'un négociant transmet l'effet à un cor-
respondant pour en faire la négociation ou soigner la rentrée, etc.
Dans tous ces cas, appliquez ce que nous venons de dire.

Enfin, dans les rapports de l'endosseur avec les porteurs ulté-
rieurs, l'endossement oblige celui qui le souscrit à la même garantie
de paiement que celle qu'il contracte envers son cessionnaire direct
(art. 140); quant à la nature et à l'étendue de cette garantie, elle n'est
pas forcément commerciale, quoique résultant du contrat de change;
l'endosseur pourrait, par exemple, stipuler qu'il ne sera pas soumis
à la contrainte par corps, et faire telles autres stipulations non dé-
fendues par la loi.

Mais *quid* si l'endossement régulier était postérieur à l'échéance ? Selon certains auteurs l'endossement aurait les mêmes effets que s'il avait
été passé avant l'échéance. Ainsi le porteur aurait tous les droits d'un
porteur ordinaire, sans qu'on pût lui opposer d'autres exceptions
que celles qui lui sont personnelles. Selon d'autres, notamment
M. Pardessus, un tel endossement n'a d'autre force que celle d'un
transport ordinaire, et doit demeurer entre les mains du cessionnaire assujéti à toutes les exceptions que le débiteur aurait pu opposer au cédant; car, dit M. Pardessus, on peut dire que la lettre de
change une fois échue, est entrée irrévocablement dans l'actif de
celui qui s'en trouve propriétaire à ce moment, que le sort de ceux
qui ont concouru aux négociations est alors fixé, les uns ayant des
recours à exercer, les autres des garanties à donner, etc, et qu'ainsi
l'endossement qu'en ferait le porteur, aussi régulier qu'il pût être,

n'opérerait pas les effets de celui qui est souscrit avant l'échéance[1], etc. (Quant à la radiation des endossemens, voy. le même M. Pardessus, *Dr. comm.* t. II, §§ 349 et 350.)

DE L'ENDOSSEMENT IRRÉGULIER.

On appelle ainsi l'endossement qui manque de l'une ou plusieurs des conditions exigées par l'art. 137, telles que la date, le nom du cessionnaire, l'ordre[2], etc.; est aussi irrégulier l'endossement qui consiste en une simple signature isolée, et qu'on nomme pour cela *endossement en blanc*. Quelles que soient du reste les énonciations qu'il contienne, il ne vaut que comme procuration d'après l'art. 138; mais quels sont les effets et l'étendue de cette procuration? Si l'acte les détermine, il ne peut y avoir de doute; s'il ne les détermine pas, on est généralement d'accord que le mandat qui ne renfermerait pas de restrictions expresses, emporte pouvoir non-seulement de recevoir le paiement de la lettre, mais encore de la négocier. Ainsi le porteur a le droit de se présenter à l'échéance chez le tiré, et celui-ci ne peut lui refuser le remboursement de l'effet, pas plus qu'il ne le pourrait refuser à l'endosseur lui-même, sauf pourtant les exceptions qu'il aurait contre ce dernier, et qui seraient opposables de droit à son mandataire. De plus, la lettre de change étant un titre essentiellement négociable, il peut, au moyen d'un endossement régulier, en transférer la propriété à un tiers, et ni le tireur ni les endosseurs antérieurs ne peuvent opposer à ce tiers l'irrégularité de l'endossement, à moins qu'ils n'aient des exceptions personnelles contre lui, pourvu toutefois que cet endossement ne contienne pas de limitations formelles quant au droit de négocier la lettre.

---

[1] Arrêt de la Cour royale de Paris, 24 juillet 1809, qui décide que l'endossement passé après l'échéance d'un billet à ordre, n'est qu'un transport ordinaire. (Appliq. à la lettre de change.)

[2] Cependant certains auteurs pensent que l'omission de cette dernière condition ne suffit pas pour enlever à l'acte sa régularité.

Enfin, dans les cas où il y aurait incertitude sur l'intention de l'endosseur, comme on ne peut poser à ce sujet des règles invariables, ce serait à la prudence des tribunaux à décider.

On peut ranger les preneurs par endossement irrégulier en deux classes distinctes : 1° Les uns sont de simples fondés de pouvoir, qui ont reçu le titre en cette qualité; 2° les autres ne sont considérés comme tels qu'à cause de l'irrégularité de l'endossement, et quoiqu'ils aient payé le prix de la cession.

Aux premiers s'applique tout ce que nous venons de dire ci-dessus.

Quant aux deuxièmes, comme ils ne doivent pas être victimes de la négligence ou du dol de l'endosseur, et que, sans ce dol ou cette négligence, ils auraient les droits de véritables cessionnaires, il doit leur être permis de justifier de la valeur qu'ils ont versée, afin de reprendre par ce moyen leur vraie qualité. (Arrêt de la cour de Lyon, du 21 mars 1811). Cette justification se fait par les livres, la correspondance, même par témoins, etc. ; s'ils ne peuvent la faire, ils doivent s'imputer à eux-mêmes de n'avoir pas été assez vigilans pour leurs propres intérêts. Quoi qu'il en soit, à défaut de cette preuve, si depuis ils avaient remboursé un tiers-porteur, on ne pourrait plus se faire, contre eux, une arme de l'irrégularité de l'endossement; car ils seraient de plein droit subrogés aux droits de ce tiers. (Arrêt du 31 juillet 1828).

Question. — Le porteur par endossement irrégulier, qui a transféré la propriété de la lettre par endossement régulier, est-il, en cas de protêt, faute de paiement, sujet aux garanties à exercer contre les endosseurs ordinaires ? Non, car l'art. 138, qui est général, ne le regarde que comme mandataire; ce n'est donc qu'à ce titre qu'il a fait la négociation.

L'endossement en blanc, avons-nous dit, est une espèce d'endossement irrégulier. La plupart des règles ci-dessus s'y appliquent donc[1].

---

[1] Ainsi le porteur par endossement en blanc n'est qu'un mandataire; ainsi il peut, par un ordre régulier, transmettre la propriété de la lettre à un tiers.

Néanmoins il diffère des endossemens irréguliers proprement dits sous deux rapports principaux.

1° Le pouvoir qui résulte de l'endossement en blanc doit être, en général, regardé comme plus étendu ; car il ne contient aucune restriction, tandis que les endossemens irréguliers peuvent se trouver conçus dans des termes limitatifs.

2° Le porteur d'un endossement en blanc est maître de remplir l'endos à son profit, et par ce moyen il devient propriétaire de simple mandataire qu'il était, pourvu, toutefois, qu'il n'y ait aucune fraude à lui reprocher, c'est-à-dire qu'il ait légitimement fourni la valeur de la lettre.

Il est un cas pourtant, où, malgré sa bonne foi, il ne le pourrait plus efficacement : c'est lorsque l'endosseur a fait faillite ; car n'étant présumé agir que par son ordre et à sa place, il ne peut faire que ce dont celui-ci est capable. Or, la faillite dessaisissant l'endosseur de l'administration de ses biens, il ne saurait ni remplir un endossement en blanc, ni faire un autre acte quelconque ; son mandataire est donc frappé de la même incapacité. L'imperfection de l'endossement est donc irréparable, et peut être opposée par tous ceux qui y ont intérêt (les endosseurs et les créanciers, mais non l'accepteur). (Arrêt du 23 brumaire an XII).

FIN.

www.ingramcontent.com/pod-product-compliance
Ingram Content Group UK Ltd.
Pitfield, Milton Keynes, MK11 3LW, UK
UKHW021020120726
13693UKWH00005B/2105